BEI GRIN MACHT SICH IHR WISSEN BEZAHLT

- Wir veröffentlichen Ihre Hausarbeit, Bachelor- und Masterarbeit

- Ihr eigenes eBook und Buch - weltweit in allen wichtigen Shops

- Verdienen Sie an jedem Verkauf

Jetzt bei www.GRIN.com hochladen und kostenlos publizieren

Bibliografische Information der Deutschen Nationalbibliothek:

Die Deutsche Bibliothek verzeichnet diese Publikation in der Deutschen National-
bibliografie; detaillierte bibliografische Daten sind im Internet über http://dnb.d-
nb.de/ abrufbar.

Dieses Werk sowie alle darin enthaltenen einzelnen Beiträge und Abbildungen
sind urheberrechtlich geschützt. Jede Verwertung, die nicht ausdrücklich vom
Urheberrechtsschutz zugelassen ist, bedarf der vorherigen Zustimmung des Verla-
ges. Das gilt insbesondere für Vervielfältigungen, Bearbeitungen, Übersetzungen,
Mikroverfilmungen, Auswertungen durch Datenbanken und für die Einspeicherung
und Verarbeitung in elektronische Systeme. Alle Rechte, auch die des auszugsweisen
Nachdrucks, der fotomechanischen Wiedergabe (einschließlich Mikrokopie) sowie
der Auswertung durch Datenbanken oder ähnliche Einrichtungen, vorbehalten.

Impressum:

Copyright © 2016 GRIN Verlag, Open Publishing GmbH
Druck und Bindung: Books on Demand GmbH, Norderstedt Germany
ISBN: 9783668336407

Dieses Buch bei GRIN:

http://www.grin.com/de/e-book/342828/oekosystem-korallenriff

Irem Gökce

Ökosystem Korallenriff

GRIN Verlag

GRIN - Your knowledge has value

Der GRIN Verlag publiziert seit 1998 wissenschaftliche Arbeiten von Studenten, Hochschullehrern und anderen Akademikern als eBook und gedrucktes Buch. Die Verlagswebsite www.grin.com ist die ideale Plattform zur Veröffentlichung von Hausarbeiten, Abschlussarbeiten, wissenschaftlichen Aufsätzen, Dissertationen und Fachbüchern.

Besuchen Sie uns im Internet:

http://www.grin.com/

http://www.facebook.com/grincom

http://www.twitter.com/grin_com

Inhalt

1. Einleitung

Es gibt wohl kaum jemanden, der mit dem Begriff „Korallenriff" keine Vorstellung verbindet, sei es der letzte Urlaub oder die Fotos, die man in den Medien oder in Büchern zu sehen bekommt. Viele werden schon von dem verwirrend bunten Treiben des Korallenriffes fasziniert, wobei sogar Naturforscher Schwierigkeiten bekommen, tiefgehende Zusammenhänge erkennen zu können. Auch viele Besucher eines Korallenriffes nennen den Besuch einen Höhepunkt ihres Lebens.[1]

Ein Grund für die Wahl dieses Themas war die Erklärung hinter dieser Faszination und ebenfalls, dass man in den Medien öfters zu lesen bekommt, dass Korallenriffe sehr gefährdet sind. Natürlich will man den Grund dahinter wissen. Aber auch die Bedeutung der Korallenriffe, wie sie entstehen oder auch wie wichtig sie für uns sind.

Bei meiner Recherche fand ich heraus, dass Korallenriffe äußerst wichtige Erscheinungen sind, die unsere Erdoberfläche mitgestalten.

Sie sind lebende Rohstofflager für Baumaterialien, bilden Grundstoffe für Medizin und Nahrung und schützen die Küstenregionen vor Bodenerosion und Stürmen. Ohne sie würden die Einnahmen aus dem Tourismus wegfallen.[2]

Ebenfalls bilden sie vor tropischen Küsten überdimensionale Wellenbrecher und damit dauerhaften Schutz vor der ständig nagenden Meeresbrandung.[3]

Die Bauleistung der Korallenpolypen, die für die Riffstrukturen zuständig sind, wird von keinen anderen Organismen erreicht. Auch nicht von Menschen.[4]

Während der Zeit meiner Recherche in der Bibliothek traf ich auf ein Zitat, welches ein weiteres Mal die Wichtigkeit der Korallenriffe bzw. der Korallen beschreibt: „Even if the oceans cover 71 percent of the earths surface, only 0,2 percent of this area contains one

---

[1] Vgl. Schuhmacher, Helmut: Korallenriffe, 1991, S.11
[2] Vgl. http://www.planet-wissen.de/natur/meer/korallenriffe/pwiegefaehrdetekorallenriffe100.html
[3] Vgl. Schuhmacher, Helmut: Korallenriffe, 1991, S.9
[4] Vgl. Ebd. S.10

quarter of all marine species. The corals, to say it melodrammatically represent the soul of the ocean, and the ocean is the mother of all life."[5]

Übersetzt: „Selbst wenn die Ozeane 71% der Erdoberfläche bedecken, enthalten nur 0,2% dieser Flächen ein Viertel aller Seearten. Die Korallen (...) repräsentieren die Seele des Ozeans und der Ozean ist die Mutter des ganzen Lebens."

2.Korallen

Bevor ich mit „Vorkommen und Entstehung" der Korallenriffe fortfahre, möchte ich kurz erklären, was Korallen überhaupt sind.

Viele geraten in Versuchung Korallen für Pflanzen oder „Unterwasserblumen" zu halten, da sie meistens am Meeresboden festgewachsen sind. Jedoch handelt es sich dabei um Tiere, genauer gesagt gehören Korallen zur Klasse der Blumentiere, die ebenfalls eine Untergruppe der Nesseltiere (lat. Cnidaria), wie auch Quallen, sind. Sie stellen mit 6500 Arten die größte Klasse der Hohltiere dar.[6]

Korallen sind koloniebildende und sessile Lebewesen, d.h. sie besitzen nicht die Fähigkeit ihren Aufenthaltsort zu wechseln.[7] Sie sind nur wenige Zentimeter groß, von polypenartiger Gestalt mit einem sackartigen Rumpf und einer Mundöffnung, die von Tentakeln gesäumt wird.[8]

Die bekanntesten aber auch die wichtigsten Korallen für die Entstehung der Korallenriffe sind die „Steinkorallen" (lat. Scleractinia).

---

[5] Sorokin, Yuri I.: coral reef ecology, 1995
[6] Vgl. http://www.wissen.de/korallen
[7] Vgl. https://de.wikipedia.org/wiki/Koralle
[8] Vgl. http://www.wissen.de/sind-korallen-pflanzen-oder-tiere

Abbildung 1: Steinkorallen im Great Barrier Reef

Indem sie dem Meerwasser Calcium und auch andere Elemente entziehen, produzieren sie mehrere Gramm Kalk am Tag.[9] Ebenfalls hilft ihnen auch eine Symbiose mit einzelligen Algen, den sogenannten Zooxanthellen, die auch für ihre Ernährung eine große Rolle spielen. Diese leben im Körper des Wirtes, in dem Fall im Körper der Korallen und versorgen sie mit Zucker und Stärke und anderen organischen Produkten[10] mithilfe von Photosynthese (bzw. auch Licht). Diese Algen (Zooxanthellen) benötigen Kohlenstoffdioxid, welches sie als Abfallstoff von den Korallen erhalten[11] (deswegen Symbiose). Außerdem sind Korallen auch in der Lage, mit ihren Polypen Plankton zu fangen.[12]

Sie leben 40-50m unter dem Wasserspiegel und ausschließlich in warmen Gewässern, deren Temperaturen 20-30°C betragen.[13]

Außer der Steinkorallen gibt es noch die Weichkorallen, die im Gegensatz zu den Steinkorallen kein festes Kalkskelett haben, sondern kleine Kalknadeln als Festigungselemente im Körper besitzen.[14]

3.Vorkommen und Entstehung

Erstmal die Erklärung des Begriffes „Riff": Dieser Begriff stammt vom Niederländischen und bedeutet auf Deutsch „Rippe".

---

[9] Vgl. https://www.meerwasser-lexikon.de/kategorie/95.html#
[10] Vgl. https://de.wikipedia.org/wiki/Zooxanthelle
[11] Vgl. https://www.tk.de/tk/a-z-navigation/k/korallen---baumeister-der-meere-10006825/538060
[12] Vgl. https://de.wikipedia.org/wiki/Steinkorallen
[13] Vgl. http://www.abipur.de/referate/stat/658346878.html
[14] Vgl. https://de.wikipedia.org/wiki/Weichkorallen

„Ein Riff ist eine maßgeblich von lebenden Organismen aufgebaute, meist bankförmige Struktur, die vom Meeresboden bis zur Wasseroberfläche reicht und so groß ist, dass sie erheblich die physikalischen und damit auch ökologischen Eigenheiten ihrer Umgebung beeinflusst."[15]

Die „Riffbauer" sind hauptsächlich die Steinkorallen (siehe S.4), wobei ihre Polypen nun während ihres gesamten Lebens Kalk abgeben, indem sie das im Wasser gelöste Calcium und Kohlenstoffdioxid in Calciumcarbonat (Kalk) umwandeln. Und indem sich die Polypen teilen und immer neue Kalkgefäße bauen, wachsen diese Korallenriffe.[16] Ebenfalls bleibt das Kalkskelett zurück, wenn eine Koralle stirbt.[17] Somit entstehen mit der Zeit auch riesige Korallenstöcke.

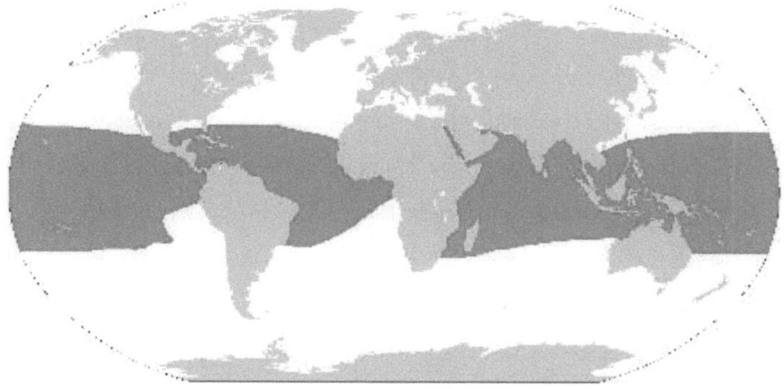

Abbildung 2: Bereich, wo tropische Korallenriffe entstehen können

Da wir nun wissen, dass die Algen (Zooxanthellen) die Photosynthese für die Symbiose mit den Korallen brauchen, kann man herableiten, dass sich Korallenriffe in Regionen, in die genügend Lichtstrahlen vordringen und warm sind, befinden müssen. Daher befinden sich die tropischen Korallenriffe in flachen Küstenregionen der Meere.[18]

Ein anderer Fakt den wir wissen, ist, dass Korallen ausschließlich in warmen Gewässern leben (siehe S.4). Aus diesem Grund beschränkt sich die Entstehung der Korallenriffe auf einen Bereich von ungefähr 30° südlicher Breite bis ungefähr 30° nördlicher Breite, da die Wassertemperaturen in diesem Bereich dauerhaft warm sind.[18] Diese Fakten gelten jedoch

---

[15] Schuhmacher, Helmut: Korallenriffe, 1991, S.12

[16] Vgl. https://www.tk.de/tk/a-z-navigation/k/korallen---baumeister-der-meere-10006825/538060

[17] Vgl. http://www.biologie-schule.de/oekosystem-korallenriff.php

[18] Vgl. https://de.wikipedia.org/wiki/Korallenriff

nur für die tropischen Korallenriffe. Nun könnte man auch behaupten, dass wo auch immer Steinkorallen vorkommen, Korallenriffe aufgebaut werden. So ist es aber nicht.

Steinkorallen findet man in allen Meeren und in jeder Tiefe. Was hierbei jedoch wichtig ist, ist welche Arten dieser Steinkorallen als „Riffbauer" gelten.[19] Und zwar werden Korallenriffe von *hermatypischen* Steinkorallen gebildet, d.h. von *riffbildenden* Steinkorallen.[20] Allgemein ist zu sagen, dass bestimmte Faktoren zusammentreffen müssen, welche die Riffbildung ermöglichen, und zwar die geographisch bedingten Faktoren und das Vorkommen und die Auswahl von Steinkorallen.

4. Tropische Korallenriffe

Korallenriffe kann man in zwei unterschiedliche Typen unterscheiden, nämlich in das tropische Korallenriff und die Tiefwasserriffe.[21] Im Gegensatz zu den Korallen der tropischen Korallenriffe, können die Korallen in den Tiefwasserriffen häufig ohne Sonnenlicht überleben, wobei sie als primäre Energiequelle statt Sonnenlicht, sich von Zooplankton ernähren.[22] Die tropischen Korallenriffe, worauf ich mich hauptsächlich fokussiere, kann man ebenfalls unterscheiden in verschiedene Grundformen. Diese 4 Grundformen, die ich erklären werde gelten jedoch nur als grobe Unterscheidungsmuster, da jedes Riff, welches ein Individuum ist, wächst und sich individuell verändert.[23]

4.1. Saumriffe

Das Saumriff ist der meist verbreitete Rifftyp.

Saumriffe erstrecken sich parallel zur Küste, wobei ihre Ausdehnung gegen das offene Meer hin davon abhängt, wie steil der Meeresboden abfällt.[24] Sie können bis zu hundert Metern breit und viele Kilometer lang werden. Diese entstehen erst als schmaler Riffsaum am Ufer und wachsen von der Niedrigwassergrenze an seewärts.[25] Wenn nun die Riffkante ins Meer vorgeschoben ist, so wird der rückwärtige Teil durch Erosion eingetieft und bildet eine

---

[19] Vgl. Schuhmacher, Helmut: Korallenriffe, 1991, S.18
[20] Vgl. Ebd. S.19
[21] Vgl. http://www.wasistwas.de/archiv-wissenschaft-details/die-frage-der-woche-wie-entstehen-korallenriffe-und-wer-lebt-darin.html
[22] Vgl. https://de.wikipedia.org/wiki/Korallenriff#Tropische_Korallenriffe
[23] Vgl. http://www.starfish.ch/Korallenriff/Riffarten.html
[24] Vgl. Schuhmacher, Helmut: Korallenriffe, 1991, S.70
[25] Vgl. Ebd. S.71

Lagune (Lagunensaumriff).[26] Ein Beispiel für ein Saumriff wäre bei Eilat an der Südspitze Israels.

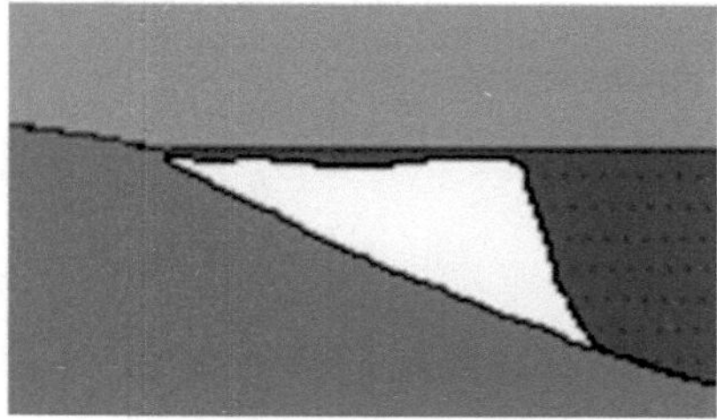
Abbildung 3: Saumriff

Abbildung 4: Saumriff bei Eilat an der Südspitze Israels

4.2.Barriereriffe

Das Barriereriff ähnelt sich sehr mit den Spätstadien eines Lagunensaumriffs (siehe 4.1.). Diese ähneln sich in charakteristischen Zügen, jedoch sind die Größenordnungen sehr unterschiedlich. Sie unterscheiden sich ebenfalls in der Entstehung, wobei das Barriereriff, welches sich weit vor der Küste befindet, kein Rest eines Riffes ist. Es befand sich von Anfang an an diesem Ort.[27] Die Voraussetzung für die Riffentstehung hier ist die Senkung des Meerbodens oder eine Hebung des Meeresspiegels.[28] Das bekannteste Barriereriff ist das australische „Great Barrier Reef".

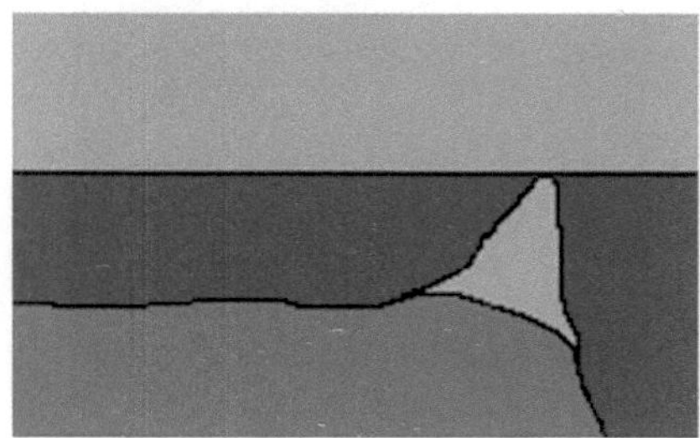
Abbildung 5: Barriereriff

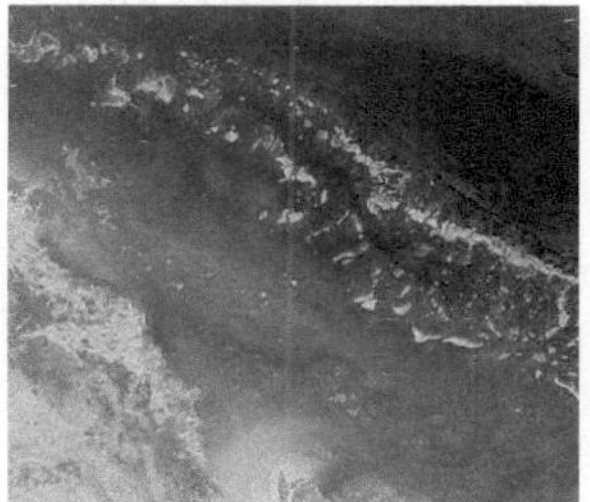
Abbildung 6: Great Barrier Reef

4.3.Plattformriffe

Saumriffe und Barriereriffe sind beide an Landmassen gebunden, jedoch das Plattformriff dagegen ist von allen Seiten von gleichtiefem Wasser umgeben. Es kann im offenen Ozean

---

[26] Vgl. Ebd. S.72
[27] Vgl. Schuhmacher, Helmut: Korallenriffe, 1991, S.72
[28] Vgl. https://de.wikipedia.org/wiki/Korallenriff

oder auf dem Kontinentalschelf liegen. Das Plattformriff wächst, im Gegensatz zum Saum- oder Barriereriff, nach allen Seiten, wobei die Saum- und Barriereriffe sich nur seewärts vergrößern. Entstehen kann es dort, wo der Meeresgrund soweit zum Wasserspiegel aufragt, dass dort ein riffbildendes Korallenwachstum möglich ist.[29]

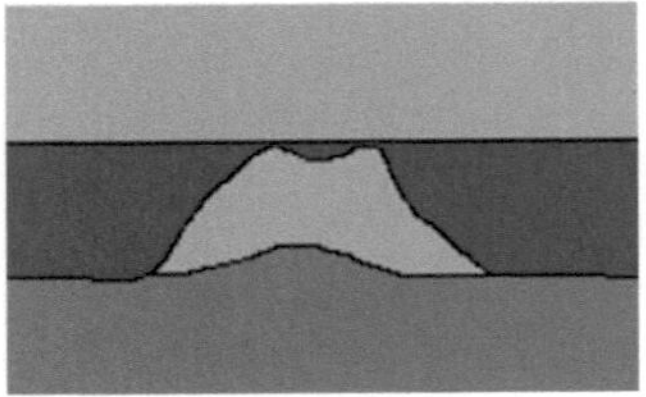

Abbildung 7: Plattformriff

4.4.Atolle

Atolle sind ringförmige Riffe, die Lagunen umschließen. Sie beginnen ihr Wachstum als Saumriffe um vulkanische Inseln. Wenn die Insel abtaucht (weil z.B. der Meeresspiegel steigt), entwickelt sich das Saumriff zu einem Barriereriff. Wenn nun die Insel ganz verschwindet, bleibt ein Ring aus Riffen übrig, der die Lagune umgibt. Diese ringförmigen Riffe nennt man Atolle.[30]

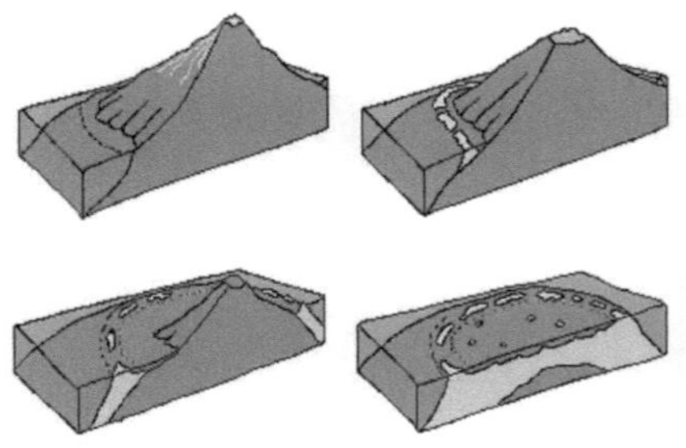

Abbildung 8: Entstehung Atoll

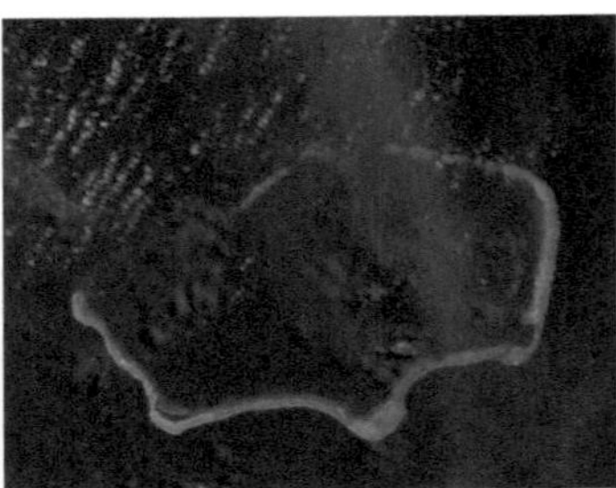

Abbildung 9: Bikini-Atoll im Pazifischen Ozean

5.Das Ökosystem Korallenriff

Korallenriffe gehören zu den artenreichsten und wichtigsten Ökosystemen unserer Erde. Zirka die Hälfte aller Fischarten und eine halbe Million anderer Tierarten leben in diesem Ökosystem. Sie bieten ihren Bewohnern zahlreiche Versteckmöglichkeiten und

---

[29] Vgl. http://www.starfish.ch/Korallenriff/Riffarten.html
[30] Vgl. http://www.starfish.ch/Korallenriff/Riffarten.html

Futterquellen.[31] Dabei steht dieser Existenz der artenreichen Biosphäre ein Mangel an Nährstoffen und Raum für die Tiere gegenüber. Die knappen Ressourcen müssen von ihnen geteilt werden.[32]

Sie sind auch das Biotop für eine Biozönose von Pflanzen und Tieren.[33]

Entsprechend herrscht dort auch ein Wettbewerb um Nahrung und Raum. Hierbei bilden Pflanzen und Tiere Nahrungsketten. Diese bestehen aus Produzenten (=Pflanzen) und aus Konsumenten (=Pflanzenfresser, wie z.B. Tiere). Die meisten Nahrungsketten sind jedoch so komplex, dass man von „Nahrungsnetzen" spricht. [34]

Wenn man sich die Zahl der Pflanzen und der Tiere anschaut, merkt man, dass eine Pyramide gebildet wird, an deren Basis sich die große Menge von Pflanzen befindet und an deren Spitze die wenigen Fleischfresser. Solch eine Pyramide nennt man eine „Nahrungspyramide".[35]

5.1.Produzenten

Die Produzenten, z.B. Pflanzen, sind verantwortlich für die Produktion von Biomasse mit Hilfe von Licht oder chemischer Energie aus anorganischen Substanzen.[36] Sie bilden die Basis der Nahrungspyramide und stehen am Anfang des Nahrungsnetzes.

In diesem Fall sind es die „Wasserpflanzen", die Sonnenlicht und gelöste Stoffe in organische Verbindungen verwandeln und somit Nahrung für viele Kleinlebewesen erzeugen.

Die wichtigsten Primärproduzenten sind die Zooxanthellen. Diese sind, wie schon vorher erwähnt, einzellige Algen, die in den riffbildenden Korallen, aber auch in Kammerlingen, Schwämmen, Hohltieren, Plattwürmern und Weichtieren leben. Ebenfalls besteht ein Nährstoffaustausch und somit eine Symbiose zwischen den Algen und tierischen Zellen. Die Zooxanthellen, die Kohlenstoffdioxid benötigen, erhalten dies als Abfallstoff vom Wirt.

---

[31] Vgl. http://www2.klett.de/sixcms/list.php?page=infothek_artikel&extra=TERRA%20EWG-Online&artikel_id=105270&inhalt=klett71prod_1.c.132043.de

[32] Vgl. http://amedscuba.blogspot.de/2009/07/okosystem-korallenriff.html

[33] Vgl. https://de.wikipedia.org/wiki/Korallenriff

[34] Vgl. http://www.starfish.ch/Korallenriff/Ernaehrung.html#Destruenten

[35] Vgl. http://www.guidobauersachs.de/referate/nako.htm

[36] Vgl. https://de.wikipedia.org/wiki/Prim%C3%A4rproduktion

Eine weitere „Wasserpflanze" in Korallenriffen, welches ich für wichtig halte, sind die Kieselalgen (lat. Diatomaea).

Diese haben eine große Bedeutung, da sie als Grundnahrung mehrerer Wasserbewohner dienen.[37] Ebenfalls andere Algen (ein- und mehrzellige) und Plankton stehen am Anfang des Nahrungsnetzes.[38]

5.2.Konsumenten

Zu den Konsumenten gehören nun Tiere, die sich von den Produzenten oder von anderen Konsumenten ernähren. Sie setzen die Biomasse zur Energiegewinnung unter Sauerstoffverbrauch in Kohlenstoffdioxid und Wasser um.[39] Hierbei unterscheidet man zwischen Primärkonsumenten und Sekundärkonsumenten. Zu den Konsumenten 1. Ordnung gehören die Pflanzenfresser. Natürlich fallen einem hierbei sofort die Korallen ein, die Plankton fangen oder sich anhand der Symbiose mit den Zooxanthellen ernähren.

Die Konsumenten 2. Ordnung sind Fleischfresser, wie viele Fischarten. Diese haben Jagdstrategien entwickelt um ihre Beute leichter fangen zu können. Als Beispiel hierzu wäre der Zackenbarsch zu nennen, welcher ein Lauerjäger ist. Er ist durch seine Färbung zwischen den Korallen gut getarnt (Mimese) und lauert auf seine Beute.

Ein weiteres Beispiel ist der Trompetenfisch, der andere Fische als Tarnung nutzt (Zoomimese). Er wartet zwischen den Korallen bis zum Beispiel ein Papageienfisch vorbeikommt und schwimmt mit ihm mit.[40]

6.Gefährdung und Schutz

Wie erwähnt sind Korallenriffe direkt oder auch indirekt eine Lebensgrundlage für viele Menschen, jedoch sind die weltweiten Korallenriffe sehr gefährdet.

Bereits ein Fünftel sämtlicher Riffe sind verschwunden.[41] Eine der größten Ursachen hierfür ist die globale Erwärmung. Durch die ansteigende Erwärmung der Erde, z.B. aufgrund der

---

[37] Vgl. http://www.starfish.ch/Korallenriff/Pflanzen.html
[38] Vgl. http://www.guidobauersachs.de/referate/nako.htm
[39] Vgl. https://de.wikipedia.org/wiki/Produktionsbiologie
[40] Vgl. http://www.guidobauersachs.de/referate/nako.htm
[41] Vgl. http://www.schulnote.de/%C3%96kosystem%20Korallenriff_2330_hausaufgabe_referat.html

erhöhten CO$_2$-Emissionen, erwärmt sich die Wassertemperatur. Wenn die Wassertemperatur nun über 30° C steigt, stoßen die Polypen die Zooxanthellen aus.[42]

Die Zooxanthellen, die empfindlich gegenüber Wärme sind, produzieren durch den „Wärmestress" Giftstoffe. Und in Folge dessen werden sie von den Korallen abgestoßen. Diesen Vorgang nennt man auch „Korallenbleiche", da die Zooxanthellen auch für die Färbung der Korallen verantwortlich sind. Dies bringt negative Folgen mit sich. Wenn Korallen absterben, wird die Artenvielfalt geringer und dadurch können ganze Ökosysteme zusammenbrechen.[43]

Abbildung 10: Tote Korallen

Eine weitere Bedrohung für Korallenriffe ist die Besiedlung von Riffen. Es werden immer mehr Riffe von Menschen besiedelt, sei es für Fischerei oder um Hotels zu bauen.[44]

Fischer, die die Bewohner der Korallenriffe für Schmuckherstellung oder aus anderen Gründen fangen, fügen den Korallenriffen direkte Schäden zu. Die Fische oder Muscheln, die gefangen werden, können sich nicht so schnell reproduzieren, wie sie von Fischern gefangen werden. Ebenfalls werden, durch Bebauungen von Hotels, Häfen, Flughäfen, etc. an und vor den Küsten viele Korallenriffe bedroht oder sogar gesprengt um diese erbauen zu können.

Weniger offensichtlich für die Bedrohung der Korallenriffe sind die Aktivitäten auf dem Land, wie z.B. verschiedene Agrarpraktiken, bei denen man verschiedene Düngemittel verwendet. Die in den Düngemitteln vorhandenen Stoffe können in die nahegelegenen Flüsse und somit auch ins Meer gelangen.[45] Dies hat natürlich negative Konsequenzen, wie z.B. das

---

[42] Vgl. http://www.planet-wissen.de/natur/meer/korallenriffe/pwwbkorallenriffe100.html
[43] Vgl. https://de.wikipedia.org/wiki/Korallenbleiche
[44] Vgl. http://www.starfish.ch/Korallenriff/Gefaehrdung.html
[45] Vgl. http://www.seos-project.eu/modules/coralreefs/coralreefs-c03-s07.de.html

übermäßige Wachstum der Algen durch Stickstoffe und Phosphate, die das Wasser im Riff trüben und dadurch die Zooxanthellen vom Sonnenlicht abschneiden.[46]

Jedoch werden Korallenriffe nicht nur durch Menschen bedroht. Sie haben auch natürliche Feinde, wie z.B. die Schnecken, die aktive Korallenfresser sind. Weitere Feinde der Korallen sind auch die Dornenkronenseesterne, die als „giftig-stachlige, riffzerstörende Monster" beschrieben werden. Sie saugen die lebenden Korallenpolypen aus ihrem Kalkgehäuse und fressen diese dann auf.

Die schlimmsten Feinde der Korallen sind jedoch die Bohrschwämme, die abgestorbene aber auch lebende Korallenstöcke besiedeln und Gänge in das Korallenskelett bohren.[47]

Man ergreift nun immer mehr Maßnahmen, um die Korallenriffe zu schützen.

Eines dieser Maßnahmen ist, dass man Korallenriffe unter „Naturschutzgebiet" stellt. Es werden ebenfalls Fangmethoden und Fangquoten überprüft, damit Überfischung vermieden wird. Des Weiteren erhofft man, dass sich das Verhalten der Touristen ändert (z.B. kein Kauf von Souvenirs, wie Muscheln, etc.).[48]

7.Künstliche Korallenriffe

Künstliche Korallenriffe sind von Menschen durch verschiedene Techniken her- oder wiederhergestellte Korallenriffe. Sie sind sozusagen eine Alternative zu den natürlichen Korallenriffen.[49]

Ein Verfahren um künstliche Korallenriffe wachsen zu lassen ist das „Riffball-Verfahren".

Ein Riffball ist eine hohle, mit vielen Löchern versehene Betonkugel. Dieser wird benutzt um abgestorbene Riffe neu zu beleben. Hierbei wird der Riffball versenkt und es siedeln sich Grünalgen auf der Betonkugel an. Mit der Zeit siedeln sich immer mehr Lebewesen an, unter anderem auch Korallen, die sich dann ausbreiten.[50]

Ein weiteres Verfahren ist die „Biorock-Technologie". Im Gegensatz zum Riffball verwendet man bei diesem Verfahren eine Stahlkonstruktion, worauf lebende Korallenbruchstücke

---

[46] Vgl. http://www.planet-wissen.de/natur/meer/korallenriffe/pwwbkorallenriffe100.html
[47] Vgl. http://www.elnino.info/koralle_3.php
[48] Vgl. http://www.uni-stuttgart.de/bio/bioinst/zoologie/exkursionen/sinai01/korallenriffe/schutz/schutz.html
[49] Vgl. https://de.wikipedia.org/wiki/K%C3%BCnstliches_Korallenriff
[50] Vgl. https://de.wikipedia.org/wiki/Riffball

festwachsen und sich auf dem festen Untergrund ausbreiten. [51] Die Neuanlage oder auch die Wiederherstellung beschädigter Korallenriffe dienen ebenfalls als Touristenattraktionen. Die Meisten dieser Projekte zeigten erstaunliche Ergebnisse, wobei viele auch missglückten.[52]

Abbildung 11: Riffball

Abbildung 12: Biorock Riffkonstuktion

8.Quellen

8.1.Bücher

- Schuhmacher, Helmut (1991): Korallenriffe. Verbreitung, Tierwelt, Ökologie. 4. Aufl. München, Wien, Zürich: BLV.

- Sorokin, Yuri I. (1995): Coral reef ecology. 1. ed., 2. printing. Berlin: Springer (Ecological studies, 102)

- Hovland, Martin (2008): Deep-water Coral Reefs. Unique Biodiversity Hot-Spots. Berlin, Heidelberg, Chichester: Springer; Praxis Publ (Springer Praxis Books). Online verfügbar unter http://d-nb.info/990642178/34.

8.2.Internetseiten

- Bolten, Götz (2012): Korallenriffe - Meer - Natur - Planet Wissen. planetwissen.de. Online verfügbar unter http://www.planet-wissen.de/natur/meer/korallenriffe/pwiegefaehrdetekorallenriffe100.html, zuletzt aktualisiert am 01.01.2012, zuletzt geprüft am 21.03.2016.

---

[51] Vgl. https://de.wikipedia.org/wiki/Biorock
[52] Vgl. http://www.spiegel.de/reise/fernweh/kuenstliche-korallenriffe-schrottplaetze-zum-abtauchen-a-758699.html

- Konradin Medien GmbH; Leinfelden-Echterdingen: Korallen | wissen.de. Konradin Medien GmbH, Leinfelden-Echterdingen. Online verfügbar unter http://www.wissen.de/korallen, zuletzt geprüft am 21.03.2016.

- Wikipedia (Hg.) (2016): Koralle. Online verfügbar unter https://de.wikipedia.org/w/index.php?oldid=152529634, zuletzt aktualisiert am 19.03.2016, zuletzt geprüft am 21.03.2016.

- Konradin Medien GmbH; Leinfelden-Echterdingen (2016): Sind Korallen Pflanzen oder Tiere? | wissen.de. Konradin Medien GmbH, Leinfelden-Echterdingen. Online verfügbar unter http://www.wissen.de/sind-korallen-pflanzen-oder-tiere, zuletzt aktualisiert am 21.03.2016, zuletzt geprüft am 21.03.2016.

- Baur/Kruppas: Steinkorallen SPS. MaRo-Design. Online verfügbar unter https://www.meerwasser-lexikon.de/kategorie/95.html#, zuletzt geprüft am 22.03.2016.

- Wikipedia (Hg.) (2016): Steinkorallen. Online verfügbar unter https://de.wikipedia.org/w/index.php?oldid=152232216, zuletzt aktualisiert am 06.03.2016, zuletzt geprüft am 22.03.2016.

- Wikipedia (Hg.) (2016): Zooxanthelle. Online verfügbar unter https://de.wikipedia.org/w/index.php?oldid=148318973, zuletzt aktualisiert am 28.02.2016, zuletzt geprüft am 24.03.2016.

- Steinkorallen - Lexikon der Biologie. Online verfügbar unter http://www.spektrum.de/lexikon/biologie/steinkorallen/63531, zuletzt geprüft am 24.03.2016.

- Korallen - Baumeister der Meere | TK (2014). Online verfügbar unter https://www.tk.de/tk/a-z-navigation/k/korallen---baumeister-der-meere-10006825/538060, zuletzt aktualisiert am 24.06.2014, zuletzt geprüft am 24.03.2016.

- Wikipedia (Hg.) (2016): Korallenriff. Online verfügbar unter https://de.wikipedia.org/w/index.php?oldid=152366726, zuletzt aktualisiert am 10.03.2016, zuletzt geprüft am 25.03.2016.

- Korallenriffe - die größten von Lebewesen geschaffenen Strukturen der Erde Referat - Hausaufgaben / Referate => abi-pur.de (2011). Online verfügbar unter http://www.abipur.de/referate/stat/658346878.html, zuletzt aktualisiert am 10.05.2011, zuletzt geprüft am 25.03.2016.

- Ökosystem: Korallenriff. Online verfügbar unter http://www.biologie-schule.de/oekosystem-korallenriff.php, zuletzt geprüft am 25.03.2016.

- Die Frage der Woche: Wie entstehen Korallenriffe und wer lebt darin? - WAS IST WAS (2016). Online verfügbar unter http://www.wasistwas.de/archiv-wissenschaft-details/die-frage-der-woche-wie-entstehen-korallenriffe-und-wer-lebt-darin.html, zuletzt aktualisiert am 25.03.2016, zuletzt geprüft am 25.03.2016.

- Zubi (2015): 1. Oekologie Riffvorkommen und Riffarten (Atoll, Saumriff, Barriereriff). Zubi. Online verfügbar unter http://www.starfish.ch/Korallenriff/Riffarten.html, zuletzt aktualisiert am 14.12.2015, zuletzt geprüft am 25.03.2016.

- Ernst Klett Verlag GmbH (2016): Ernst Klett Verlag - Lehrwerk Online - TERRA EWG-Online - Schulbücher, Lehrmaterialien und Lernmaterialien. Ernst Klett Verlag GmbH. Online verfügbar unter http://www2.klett.de/sixcms/list.php?page=infothek_artikel&extra=TERRA%20EWG-Online&artikel_id=105270&inhalt=klett71prod_1.c.132043.de, zuletzt aktualisiert am 25.03.2016, zuletzt geprüft am 25.03.2016.

- Wikipedia (Hg.) (2016): Primärproduktion. Online verfügbar unter https://de.wikipedia.org/w/index.php?oldid=148710108, zuletzt aktualisiert am 25.03.2016, zuletzt geprüft am 25.03.2016.

- Zubi (2015): 2. Systematik Marine Pflanzen (wasserpflanzen) - Merkmale, Vorkommen, Meeresbiologie. Zubi. Online verfügbar unter http://www.starfish.ch/Korallenriff/Pflanzen.html, zuletzt aktualisiert am 14.12.2015, zuletzt geprüft am 25.03.2016.

- AMED SCUBA BALI DIVING CENTER # FOR THE LOVE OF DIVING: Ökosystem Korallenriff (2016). Online verfügbar unter http://amedscuba.blogspot.de/2009/07/okosystem-korallenriff.html, zuletzt aktualisiert am 25.03.2016, zuletzt geprüft am 25.03.2016.

- Wikipedia (Hg.) (2016): Produktionsbiologie. Online verfügbar unter https://de.wikipedia.org/w/index.php?oldid=126747013, zuletzt aktualisiert am 20.03.2016, zuletzt geprüft am 27.03.2016.

- Einleitung (2008). Online verfügbar unter http://www.guidobauersachs.de/referate/nako.htm, zuletzt aktualisiert am 24.02.2008, zuletzt geprüft am 27.03.2016.

- Zubi (2015): 3. Verhalten über die Ernaehrung von Fischen und Niederen Tieren im Korallenriff. Zubi. Online verfügbar unter http://www.starfish.ch/Korallenriff/Ernaehrung.html#Destruenten, zuletzt aktualisiert am 14.12.2015, zuletzt geprüft am 27.03.2016.
- schulnote: Ökosystem Korallenriff - schulnote.de. schulnote. Online verfügbar unter http://www.schulnote.de/%C3%96kosystem%20Korallenriff_2330_hausaufgabe_refe rat.html, zuletzt geprüft am 27.03.2016.
- Wikipedia (Hg.) (2016): Korallenbleiche. Online verfügbar unter https://de.wikipedia.org/w/index.php?oldid=151466490, zuletzt aktualisiert am 01.03.2016, zuletzt geprüft am 27.03.2016.
- Zubi (2015): 4. Gefaehrdung der Riffe (Krankheiten, Umweltverschmutzung, Besiedlung, Fischfang). Zubi. Online verfügbar unter http://www.starfish.ch/Korallenriff/Gefaehrdung.html, zuletzt aktualisiert am 14.12.2015, zuletzt geprüft am 27.03.2016.
- Korallenriffe (2013). Online verfügbar unter http://www.seos-project.eu/modules/coralreefs/coralreefs-c03-s07.de.html, zuletzt aktualisiert am 26.11.2013, zuletzt geprüft am 27.03.2016.
- Ellwanger, Kornelia (2002): Maßnahmen zum Schutz der Korallenriffe. Online verfügbar unter http://www.uni-stuttgart.de/bio/bioinst/zoologie/exkursionen/sinai01/korallenriffe/schutz/schutz.ht ml, zuletzt aktualisiert am 13.12.2002, zuletzt geprüft am 27.03.2016.
- Wikipedia (Hg.) (2016): Künstliches Korallenriff. Online verfügbar unter https://de.wikipedia.org/w/index.php?oldid=145580718, zuletzt aktualisiert am 01.03.2016, zuletzt geprüft am 27.03.2016.
- Wikipedia (Hg.) (2016): Riffball. Online verfügbar unter https://de.wikipedia.org/w/index.php?oldid=151114452, zuletzt aktualisiert am 01.03.2016, zuletzt geprüft am 01.04.2016.
- ONLINE, SPIEGEL; Hamburg; Germany (2011): Künstliche Korallenriffe: Schrottplätze zum Abtauchen - SPIEGEL ONLINE. Online verfügbar unter http://www.spiegel.de/reise/fernweh/kuenstliche-korallenriffe-schrottplaetze-zum-abtauchen-a-758699.html, zuletzt aktualisiert am 22.04.2011, zuletzt geprüft am 01.04.2016.

<u>8.3.Bilder</u>

- *Abbildung 1*: Coral_Outcrop_Flynn_Reef.jpg (JPEG-Grafik, 4000 × 3000 Pixel) - Skaliert (18%) (2013). Online verfügbar unter https://upload.wikimedia.org/wikipedia/commons/2/2e/Coral_Outcrop_Flynn_Reef.jpg, zuletzt aktualisiert am 09.10.2013, zuletzt geprüft am 24.03.2016.

- *Abbildung 2*: 20_Grad_Isotherme.png (PNG-Grafik, 2759 × 1404 Pixel) - Skaliert (25%) (2013). Online verfügbar unter https://upload.wikimedia.org/wikipedia/commons/c/cb/20_Grad_Isotherme.png, zuletzt aktualisiert am 07.10.2013, zuletzt geprüft am 25.03.2016.

- *Abbildung 3*: saumrifff.gif (GIF-Grafik, 148 × 94 Pixel) (2014). Online verfügbar unter http://img.webme.com/pic/r/rettet-die-riffe/saumrifff.gif, zuletzt aktualisiert am 14.12.2014, zuletzt geprüft am 25.03.2016.

- *Abbildung 4*: EilatFringingReef.jpg (JPEG-Grafik, 1000 × 750 Pixel) - Skaliert (70%) (2013). Online verfügbar unter https://upload.wikimedia.org/wikipedia/commons/9/96/EilatFringingReef.jpg, zuletzt aktualisiert am 06.10.2013, zuletzt geprüft am 25.03.2016.

- *Abbildung 5*: Wikipedia (Hg.) (2016): Barriereriff - Korallenriff. Online verfügbar unter https://de.wikipedia.org/w/index.php?oldid=152366726, zuletzt aktualisiert am 10.03.2016, zuletzt geprüft am 25.03.2016.

- *Abbildung 6*: 300px-GreatBarrierReef-EO.JPG (JPEG-Grafik, 300 × 300 Pixel) (2013). Online verfügbar unter https://upload.wikimedia.org/wikipedia/commons/thumb/1/1b/GreatBarrierReef-EO.JPG/300px-GreatBarrierReef-EO.JPG, zuletzt aktualisiert am 22.10.2013, zuletzt geprüft am 25.03.2016.

- *Abbildung 7*: Wikipedia (Hg.) (2016): Plattformriff - Korallenriff. Online verfügbar unter https://de.wikipedia.org/w/index.php?oldid=152366726, zuletzt aktualisiert am 10.03.2016, zuletzt geprüft am 25.03.2016.

- *Abbildung 8*: Atoll-b.gif (GIF-Grafik, 395 × 115 Pixel) (2002). Online verfügbar unter http://www.starfish.ch/Zeichnung/farbig/Atoll-b.gif, zuletzt aktualisiert am 09.12.2002, zuletzt geprüft am 25.03.2016.

- *Abbildung 9*: Wikipedia (Hg.) (2016): Bikini-Atoll - Bikini-Atoll. Online verfügbar unter https://de.wikipedia.org/w/index.php?oldid=149862319, zuletzt aktualisiert am 23.03.2016, zuletzt geprüft am 25.03.2016.

- *Abbildung 10:* Wikipedia (Hg.) (2016): Moofushi bleached corals - Korallenbleiche. Online verfügbar unter https://de.wikipedia.org/w/index.php?oldid=151466490, zuletzt aktualisiert am 01.03.2016, zuletzt geprüft am 27.03.2016.

- *Abbildung 11:* Wikipedia (Hg.) (2016): Lake Pontchartrain Basin Foundation Reef Balls, close - Riffball. Online verfügbar unter https://de.wikipedia.org/w/index.php?oldid=151114452, zuletzt aktualisiert am 01.03.2016, zuletzt geprüft am 27.03.2016.

- *Abbildung 12:* Wikipedia (Hg.) (2016): Biorock reef construction, photo 2 - Biorock. Online verfügbar unter https://de.wikipedia.org/w/index.php?oldid=151114442, zuletzt aktualisiert am 01.03.2016, zuletzt geprüft am 27.03.2016.

BEI GRIN MACHT SICH IHR WISSEN BEZAHLT

- Wir veröffentlichen Ihre Hausarbeit,
  Bachelor- und Masterarbeit

- Ihr eigenes eBook und Buch -
  weltweit in allen wichtigen Shops

- Verdienen Sie an jedem Verkauf

Jetzt bei www.GRIN.com hochladen
und kostenlos publizieren